Wir machen tolle Sachen.

Wir fahren Boot.

Wir sind am Meer.

Wir spielen.

Wir mögen uns.

Wir kaufen ein.

Mama zeigt mir was.

Wir lesen.

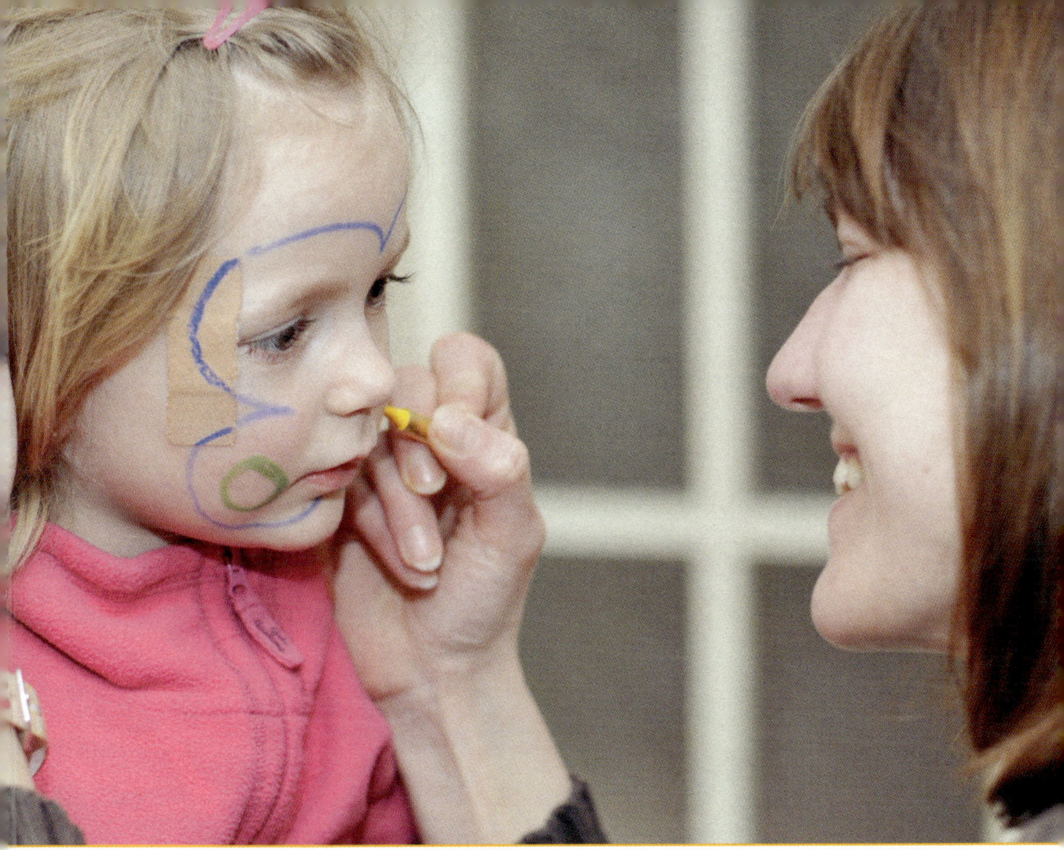

Mama malt.

Mama schaukelt mich.

Mama macht mit.

Mit Mama traue ich mich.

Mama ist lustig.

Ich habe Spaß.

Mama hat auch Spaß.

Wir machen tolle Sachen.